HERCULANUM.

HERCULANUM,

ou

L'ORGIE ROMAINE.

PAR

MÉRY.

> Ils étaient mille, tous de race militaire et patricienne, qui avaient suivi Titus en Judée; hommes de débauche, et grands contempteurs de vertu.
> AMM. MARC...

MARSEILLE,
TYPOGRAPHIE DE FEISSAT AÎNÉ ET DEMONCHY,
RUE CANEBIÈRE, N° 19.

1854.

HERCULANUM.

La première éruption connue du Vésuve eut lieu sous le règne de Titus,
l'an de J. C. 79; elle détruisit Herculanum.

Jeunes Contemporains, poétique auditoire !
Sourds aux bruits de la rue, écoutez une histoire
Dont nulle bouche encor n'a fait ses entretiens,
Mystère qui remonte à l'ère des Chrétiens :
Aux secrets de là haut toujours ce qui se lie,
Quoique empreint de raison, ressemble à la folie ;
Or écoutez ce chant de plaisir et d'horreur !

Titus régnait, Titus le divin empereur,
Qui porte un nom si beau parmi les rois d'élite ;
Titus, le destructeur du peuple israélite ;

Lui qui brûla Sion, et s'en revint suivi
Des enfans de Juda, des enfans de Lévi.
Le monde était tranquille, et la paix était faite,
Le triomphe volait sur son chemin de fête ;
L'empire s'endormit dans un bruyant repos ;
Le soldat se fit homme ; on ploya les drapeaux ;
Prévoyant, cette fois, une trop longue attente,
Le vieux centurion brûla ses pieux de tente ;
On inonda les lieux consacrés à Vénus,
Et le prêtre ferma le temple de Janus.

Rome la belliqueuse avait brisé sa lance ;
Alors, vinrent des jours de splendide opulence,
De somnolent bonheur, de suaves ennuis,
Des jours de volupté, de parfums, et des nuits
Telles que la Bacchante, aux aguets sous les treilles,
Dans les fêtes de Pan n'en vit point de pareilles.

L'homme était fort et brun ; dans ses festins si lents
Il exerçait sa faim sur des mets succulens ;
A ses Triclinium , remplis d'amis intimes ,
Il découpait les corps des laineuses victimes ,
Comme aux repas d'Homère , où la main des héros
Sur la table de chêne allongeait deux taureaux.
La femme , avec son œil , l'œil céleste des Gaules ,
Sa chevelure d'or ruisselante aux épaules ,
Sa gorge de statue , et son air sibyllin ,
Et son beau corps trahi par sa robe de lin ,
La femme ressemblait aux nymphes d'Arcadie ,
Qui dans un cœur de Faune allumaient l'incendie ;
Et l'on voyait courir tout Rome aux jeux du soir ,
Où, pour se faire aimer , elle venait s'asseoir.
L'or abondait : Titus , vainqueur en Palestine ,
De retour, pour calmer la légion mutine,
Et réjouir long-temps sa grande nation ,
Morcela les trésors du temple de Sion.

Un jour, il fit jeter aux pétillantes flammes
Le cèdre de Moïse orné de riches lames,
Les coupes d'Aaron, tous les vases d'or fin,
L'Arche, que protégeait l'aile du séraphin,
Tous ces riches métaux qui, sous le saint portique,
Brillaient, selon la loi gravée au Lévitique.
Le fondeur souilla tout de ses profanes mains,
Et de l'or du vrai Dieu fit des écus romains.
Cette fois, nul fléau ne vint de la nuée
Pour accorder vengeance à l'Arche polluée ;
Il fut long et complet le sacrilége, eh bien !
L'impunité régna partout, Dieu ne fit rien !

Et l'été vint ; l'été, saison des douces fêtes,
L'été que salua le cri de leurs poètes ;
La litière volante, et la mule au pied sûr
Emportèrent de Rome aux blancs rochers d'Anxur

Tous ces hommes heureux qu'en odes sibyllines
Parthénope appelait sur ses belles collines.
Le rameur, sur son banc, transportait ces colons
A l'autre bord du golfe, à ces tièdes vallons
Où deux cités, deux sœurs, l'une à l'autre groupée,
L'une fille d'Hercule et l'autre de Pompée,
Aspirant la fraîcheur sous le Vésuve ami,
Allongeaient leurs pieds blancs sur le flot endormi.

Celui qui les créa ces deux villes éteintes,
Les colora partout d'harmonieuses teintes;
L'artiste ingénieux y jeta mollement
L'arabesque sans fin d'un songe heureux qui ment,
Les fêtes du dieu Pan, les courses des Ménades,
Les choses de Vénus au front des colonnades;
Les nymphes accourant à la danse du soir,
Sans effleurer le sol, blondes sur un fond noir;

Les roses et les fruits qu'effleurait aux corbeilles
L'aile des papillons ou le dard des abeilles ;
Pour ces villes d'amour l'azur fut prodigué,
Tout, jusqu'à leurs tombeaux, était riant et gai,
Comme dans Sybaris, autre ville odorante
Qui dort au bruit des flots du golfe de Tarente.

Un jour de cet été, jour que le vieux destin
Avait caché long-temps à tout Napolitain,
Un jour Herculanum, sur sa rive sonore,
Ne fit qu'un sommeil court et vit lever l'aurore :
Le riche Pollion, arrivé le matin
Dans sa Villa de marbre illustrait un festin ;
Sa table se courbait sur sa fraîche terrasse,
Et mille conviés, Romains de noble race,
Célébraient ce grand jour où l'Hébreu fut vaincu,
Où sa voix, en pleurant, dit : Sion a vécu !

On avait disposé sous la main du convive
Le lierre toujours frais avec sa feuille vive ;
Le vin se reflétait sur les tempes en feu,
En desséchant les fleurs, les fleurs qui durent peu ;
Mais l'Archipel voisin envoyait jusqu'aux frises
Ses parfums voyageurs sur les ailes des brises,
Et le doux vent du soir, tout le jour attendu,
Enflait le tissu rouge aux colonnes tendu.
Heure d'orgie ! alors la volupté circule
Sous les pins embaumés de la ville d'Hercule ;
L'esclave a dénoué le blanc voile du sein ;
Le convive amoureux, levé sur son coussin,
Désignant aux lambris de suaves peintures,
Aux filles de Sion enlève leurs ceintures,
Et Pollion le riche, élu roi du festin,
Pour les exciter mieux, leur dit ce chant latin :

Enfans! que la coupe soit prête!
De roses couronnons le vin;
Amis, buvons le vin de Crète
A Titus, l'empereur divin!
Que jusqu'à la dernière goutte
La patère se vide toute;
Tendez la patère à l'enfant.
Selon la coutume latine,
Au vainqueur de la Palestine,
A Titus, le dieu triomphant!

Amis, le Falerne ruisselle
Dans les celliers de ma Villa;
Portez-nous l'amphore que scelle
Le cachet vierge de Sylla:
Buvons aussi ce vieux Falerne
Au vainqueur de l'Hydre de Lerne,

Protecteur de notre cité :
Il faut que cette nuit décide
Qui de nous est digne d'Alcide,
Qui de nous l'a ressuscité !

Aux épaules de nos maîtresses
Nous qui jetons des bras nerveux,
Qui fesons ruisseler leurs tresses
Ainsi qu'un torrent de cheveux ;
Nous dont l'allure libertine
Fait rougir la vierge latine
Qui passe devant les Censeurs,
Qui savons tout ce qu'on exprime
De vif plaisir et de doux crime
Avec nos filles et nos sœurs ;

Montrons aux sœurs des Juifs rebelles
Qu'en notre pouvoir nous tenons,
A ces filles brunes et belles
Des Romains dignes de leurs noms!
Depuis nos mères les Sabines,
Jamais de plus de concubines
Nous n'avons jonché nos coussins ;
Embrassons de toutes nos ames
La femme sur un lit de femmes ;
Que nos lèvres brûlent leurs seins !

Loin d'ici la pudeur et les graces décentes,
    Vertus qui font notre dédain ;
Flétrissons à la fois de caresses puissantes
    Ces fraîches roses du Jourdain !
Le vin brûlant se mêle au feu de notre veine,
    Les parfums montent des rescifs,

Notre beau lit d'ivoire embaume de verveine :
   Tout excite aux baisers lascifs.
Venez toutes ici, venez femmes exquises,
   Vos doux maîtres sont amoureux ;
Au prix de notre sang nous vous avons conquises,
   Pleurez bien pour nous rendre heureux.
Oh ! les pleurs valent mieux que le fade sourire,
   Filles au visage abattu ;
Écoutez donc ces mots que l'on ne peut écrire
   Et qui font rougir la vertu :
Aux conseils importuns de vos sages matrones
   La volupté seule répond,
Et nos lits avec vous sont plus beaux que les trônes
   Des rois de la Perse et du Pont.

Un vif éclair blanchit la sonore terrasse
Où Pollion chantait sur le mode d'Horace ;

Un vieil esclave hébreu, qu'on ne connaissait pas,
Entrait avec l'éclair dans le lieu du repas.
Sa face de bélier avait un teint livide;
Il frappa d'un doigt fort sur une amphore vide,
Selon l'usage antique, et cet étrange son
Suspendit le vers libre, et donna le frisson.

Hommes heureux, dit-il, savez-vous que la nue
A revêtu, ce soir, une forme inconnue?
Que l'ardente vapeur qu'exhale votre sol
Comme un pin lumineux s'élève en parasol?
Voyez cette colonne, au feuillage d'acanthe,
S'agiter convulsive, ainsi qu'une Bacchante:
Le Falerne a donc mis sur vos yeux un bandeau?
La cendre tombe ici comme une trombe d'eau;
Sur ce marbre disjoint, tel qu'un navire à l'anse,
En mouvemens légers votre lit se balance.

Entendez donc ces cris de vieillards et d'enfans !
Tout le vallon est plein d'atomes étouffans.
Herculanum se meurt ! la plaine est une étuve ;
Cette ville s'asseoit sur l'orteil du Vésuve ;
Vos marbres ont craqué ; la flamme va sortir ,
Elle va vous brûler sous vos pourpres de Tyr !

Que nous veut ce vieux Faune à la voix de Cassandre ,
Avec son noir sayon tout constellé de cendre ?
Dit Pollion. Amis, que l'esclave africain
Nous verse le massique ; il faut boire à Vulcain !

  Que d'autres fleurs ceignent nos tempes !
  Bravons le feu sous ces abris ;
  Esclaves, suspendez les lampes
  Aux chaînes d'or de mes lambris :

Pour soleil de nos chastes scènes
Il nous faut ces lampes obscènes
Qui parent ma salle de bain ;
C'est l'œuvre des eunuques perses ;
Je les achetai cent sesterces
De Clymodore le thébain.

Et les voix du dehors criaient : La mer écume ;
Voici les temps prédits par la vierge de Cume ;
La mer brûle ; les rocs fondent comme du miel ;
Pas un rayon de jour ; pas une étoile au ciel !
Dieux grands! Dieux immortels! c'est notre heure dernière!
Les pins sont secoués ainsi qu'une crinière ;
Le Vésuve indigné rugit comme un lion ;
N'offense pas les Dieux, écoute, ô Pollion !

Divins Faunes aux pieds de chèvres,
O vous qui pouvez tout oser,
Prêtez-nous ce feu de vos lèvres
Qui s'accroît dans un long baiser!
S'il nous faut subir la mort pâle,
Mourons comme Sardanapale,
Ce sage du bel Orient;
Pour mourir au milieu des flammes,
Il nous faut un bûcher de femmes :
Nous y monterons en riant!

Et les voix : Fuyez donc, fuyez, la lave approche!
Nos pas laissent partout l'empreinte sur la roche!
— Viens ici, nautonnier; tourne ton bec d'airain,
Prends ces trente écus d'or; voguons au lac Lucrin.
— Voici, voici le feu — c'est un fleuve qui roule ;
— Dieux! le temple d'Isis! voyez comme il s'écroule!

— Oh ! si je puis revoir le soleil radieux
Demain, je sacrifie une hécatombe aux Dieux !

      Que maudit soit le Romain lâche
      Qui baise l'autel de la peur !
      Tressons-nous des couronnes d'ache :
      Elles dissipent la vapeur.
      Gloire, gloire au père Liée !
      Que la pudeur soit oubliée,
      Jetons la tunique aux cent plis ;
      Dans notre débauche nocturne
      Jetons aux flots toge et cothurne ;
      Nous voilà nus, broyons nos lits !

Et les voix : La mer monte et la terre s'abaisse ;
— Tout le sol disparaît sous une cendre épaisse.

— Quoi ! les temples aussi dans l'abîme s'en vont !
A quoi pensent les Dieux ! — La montagne se fond !
— Hercule est contre nous — fuyons d'un pas agile,
Allons sous le laurier du tombeau de Virgile,
C'est un arbre sauveur. — Comme la terre bout !
— Nous n'aurons pas demain une maison debout !

  Quand on est mille à boire ensemble,
  Dans la vapeur d'un gai repas,
  Étendus sur des lits, il semble
  Que la terre ne tremble pas !
  Approche donc, livide esclave,
  Vas remplir ma coupe de lave ;
  Je veux boire ce vin d'enfer.
  Buvons tous ce vin du Cocyte,
  Sachons quels désirs il excite
  Dans une poitrine de fer.

Pollion, hâte-toi; du pied de la colline
Tu peux gagner encor les galères de Pline;
Sors avec tes amis... Non, ne sors pas; le flot
Embrassant ton palais en a fait un ilot;
Tes poutres ont craqué; la campagne est si noire
Qu'on ne voit plus Misène et son haut promontoire;
Tout est mort; ouvre-moi, je suis un soldat, seul,
Je t'apporte ton aigle, elle est dans un linceul.

    A toi donc, divin fils d'Alcmène,
    Protecteur de ces régions,
    Je donne cette aigle romaine
    Qui brilla sur mes légions;
    Et meurs content! Que le feu tombe,
    Ce lit me servira de tombe;
    C'était l'espoir qui me suivait.
    Viens, oh! viens fille d'Idumée,

Viens, et que ta joue embaumée
Soit à moi mon dernier chevet!

Ici finit le chant : de la haute solive
La lampe s'écroula, pleine de jus d'olive ;
Et tout fut fait ; un cri de Vive l'Empereur
Domina d'autres cris d'amour et de terreur ;
On entendit encor les caresses dernières
Murmurant sur le cou des belles prisonnières,
Et la cendre massive étouffa dans leurs lits
Ces mille conviés sur l'heure ensevelis :
Tout disparut..... Après l'épouvantable scène,
Un nautonnier craintif, venu du cap Misène,
Laissant flotter sa voile abandonnée au vent,
Sur Herculanum mort vit un Hébreu vivant !

www.ingramcontent.com/pod-product-compliance
Lightning Source LLC
Chambersburg PA
CBHW070455080426
42451CB00025B/2746